Método fácil y sencillo para cortar el cabello

Método fácil y sencillo
para cortar el cabello

Por Citlali Pineda

Editorial Época, S.A. de C.V.

Emperadores núm. 185

Col. Portales

C.P. 03300, México, D.F.

Método fácil y sencillo para cortar el cabello

Coordinación editorial: Pilar Obón
Ilustraciones: Alejandro Ramírez

© Derechos reservados 2007
© Editorial Época, S.A. de C.V.
  Emperadores núm. 185, Col. Portales
  C.P. 03300, México, D.F.
  email: edesa2004@prodigy.net.mx
  www.editorial–epoca.com.mx
  Tels: 56-04-90-46
        56-04-90-72

ISBN: 970-627-570-3
ISBN: 978-970-627-570-7

Impreso en México — *Printed in Mexico*

El arte de cortar el cabello

El cabello es uno de los rasgos característicos de cada persona. Su color, su textura y la forma en que lo llevamos dice mucho acerca de la manera en que somos, lo que queremos expresar, nuestro modo de manifestarnos ante el mundo.

Un cabello sano es, desde luego, una excelente carta de presentación, porque habla no sólo de nuestro estado de salud tanto físico como mental, sino que revela que somos personas pulcras y cuidadosas.

Si uno mira a su alrededor, es posible darse cuenta de las mil y una facetas que la gente expresa a través de su cabello.

Un hombre con el cabello bien recortado contrastará con el adolescente que parece haberse levantado de la cama, con el pelo todo revuelto. Una joven de cabello largo y personalidad libre será diferente a la intelectual que posiblemente lo lleve corto y además use anteojos.

A lo largo de todas las épocas de la historia, la forma de llevar el cabello ha sido una moda que marca tendencias. Baste recordar los complicados peinados *a la Pompadour*, que se pusieron en boga en Francia durante el reinado de Luis XV, cuando su amante favorita, Jeanne Antoinette Poisson, marquesa de Pompadour, apareció en la corte llevando el cabello alzado en un chongo que medía cerca de un metro de altura.

Todavía hoy, los miembros del parlamento inglés se ponen pelucas para sesiones especiales y muy solemnes, tal y como las usaban hace trescientos años, para indicar su autoridad.

Siendo el cabello tan importante para la manifestación humana, no es de extrañar que el estilismo se haya convertido en un verdadero arte, que actualmente es incluso una profesión, con todo y especialidades.

No falta quien piense que encontrar a un buen estilista, que sepa interpretar lo que su cliente quiere, que le dé consejos acerca de cuál es el corte, el tono y el peinado que más le sientan, y que además tenga una mano de seda y toque de mago, es casi como un regalo de Dios.

Sin pretender cubrir en esta obra la compleja carrera del estilismo profesional, hemos querido acercarte a ese mundo maravilloso del arte de cortar el cabello, hablando sobre la forma de cuidarlo, exponiendo los principios básicos del corte y sus elementos, y guiándote paso a paso a través de los cortes más populares y que mejor lucen en una gran diversidad de rostros, tanto femeninos como masculinos. Así, podrás cortar el cabello de tus seres queridos y de tus amistades.

Una vez que conozcas las bases, te guiaremos para que aprendas a cortarte el cabello personalmente, lo cual requiere de práctica, como todas las cosas, pero el hecho de convertirte en tu propio estilista seguramente te dará grandes satisfacciones, y te ahorrará una respetable cantidad de dinero.

Finalizamos esta obra con un breve glosario de los términos más usuales utilizados en el estilismo.

Deseamos sinceramente que este libro te sea de gran provecho, que te dé ocasión de aprender y divertirte y -¿por qué no?- quizá te abra las puertas para una nueva y fascinante actividad profesional.

CITLALI PINEDA

La base de todo:
un cabello saludable

El cabello es una estructura bastante compleja. En su mayor parte, está compuesto de queratina y albúmina, dos tipos de proteína. Aunque no es un tejido vivo, conserva su elasticidad, y es posible nutrirlo y cuidarlo para que se vea sedoso y sea manejable.

Cada hebra de nuestro pelo nace de un folículo piloso, nutrido en su base por una papila. El crecimiento activo del pelo sólo se lleva a cabo en el bulbo o raíz, es decir, lo que crece no son las puntas, sino la base.

Inserto en el folículo piloso, de los cuales hay cerca de cinco millones en el cuerpo, cien mil sólo en la cabeza, hay un pequeño músculo erector, que es el que provoca que el cabello se erice. El folículo contiene también dos o más glándulas sebáceas, y su secreción oleosa lubrica el cabello, para hacerlo flexible y manejable.

La textura del cabello depende del diámetro y la forma del folículo piloso y del grosor de las capas que lo envuelven.

Si el diámetro del folículo es reducido, el pelo que en él se forma será delgado y la persona tendrá un cabello fino y sedoso, capaz de agitarse con la mínima brisa.

El hecho de que sea lacio o rizado depende de la forma en que se multiplican las células de la matriz germinativa del cabello. Si se multiplican en forma pareja, el pelo será lacio, y rizado u ondulado si estas células proliferan de manera desordenada.

La diferencia entre el pelo grueso y el fino también tiene que ver con su estructura. Ambos tienen una cubierta formada por queratina dura, y una médula central de queratina blanda. Esta cubierta a su vez tiene dos capas: la externa, llamada cutícula, es áspera y sus células son aplanadas y escamosas. La interna, que se denomina corteza, está constituida de tejido fibroso. En el pelo grueso, la cutícula forma el 10% de la cubierta, y la corteza el 90% restante. En el caso del pelo fino, la relación es de 60% de corteza, y 40% de cutícula.

¿Sabías que...?

Si se pusieran en fila todos los cabellos que una persona produce en su vida, y que son varios millones, formarían una hilera de mil kilómetros de largo.

El cabello maltratado

Hay muchos elementos que pueden dañar el cabello:

Causas químicas:
- El sol y sus rayos UV son enemigos jurados del cabello, porque lo resecan, quitándole humedad. **Consejo:** Utiliza una gorra o sombrero cuando tomes el sol, y emplea productos capilares con filtro UV.

- Los tintes y tratamientos decolorantes, algunos de los cuales contienen químicos, como el peróxido, pueden debilitar el cabello.

  Consejo: En lo posible, procura usar tintes naturales, y productos para proteger el pelo antes de la coloración o la decoloración. Si tienes el cabello teñido o con mechas, usa champús, acondicionadores y cremas capilares especiales para ese tipo de pelo.

- Los permanentes realizados por personas poco expertas pueden dañar mucho el cabello.

  Consejo: Ponte en manos de un profesional.

- En algunos sitios, el agua es demasiado "dura", es decir, tiene muchas sales que pueden resecar el cabello.

  Consejo: Una vez a la semana, utiliza un champú purificante, que remueva los residuos y las impurezas.

Causas mecánicas:

- Cada día, al cepillarte, pierdes entre 50 y 100 cabellos. El cepillado es una de las causas del cabello dañado.

  Consejo: Nunca te cepilles el cabello húmedo: para desenredarlo, utiliza un peine de dientes anchos.

- El frotar el cabello con la toalla puede dañar su estructura capilar.

Consejo: Aprieta el cabello suavemente con la toalla para retirar el exceso de agua, y déjalo secar al aire.

- El uso de ligas, pinzas y pasadores de mala calidad o muy puntiagudos, puede romper el cabello.

Consejo: Utiliza bandas especiales para sujetar el cabello, y accesorios que tengan la punta roma. Al quitártelos, no los jales bruscamente: hazlo con cuidado.

- Las secadoras de pelo, las pistolas de aire, las tenazas y "wafleras" son pésimas para el cabello, porque pueden quemarlo y resecarlo.

Consejo: Utiliza estos implementos con moderación, y nunca a su máxima temperatura.

La forma de mantener un cabello saludable es nutrirlo y humectarlo con frecuencia, además de evitar en lo posible la acción de aquellos elementos que lo dañan. Adquiere la costumbre de aplicarte un tratamiento capilar cada semana adecuado a tu tipo de cabello. Si deseas una información muy completa acerca del cuidado del pelo, consulta *Tips para un cabello luminoso y saludable*, de esta misma colección.

¿Sabías que...?

Las personas que tienen el pelo fino poseen el mismo número de cabellos que las de pelo grueso. Y las rubias suelen tener más pelo que las morenas.

Principios básicos del corte

El corte del cabello tiene mucho de artístico. No se trata de hacerlo a la ligera, sino de esculpir el pelo para darle forma y resaltar los rasgos físicos de la persona. Un buen corte asegura que el peinado dure y que el cabello sea manejable; propicia que uno pueda peinarse sin necesidad de ir todos los días a la estética.

Básicamente, un buen corte debe estar siempre equilibrado. Para comprobar esto, se parte el cabello con una raya en medio que vaya de adelante hacia atrás, pasando por la parte alta de la cabeza, o coronilla. Una vez hecho esto, se verifica que se tenga el mismo volumen de cabello en ambos lados.

El corte debe hacerse en función del sentido que queremos que tenga el cabello en el peinado que deseamos obtener.

Para saber la cantidad de cabello que debemos cortar, la forma de cortarlo y si es necesario entresacar (o descargar) algunos cabellos, humedece el pelo antes de comenzar a cortarlo, de forma que quede acomodado en la forma deseada para el peinado. Aquí podrás darte cuenta también de si ese peinado en especial favorece o no el rostro.

La cabeza

Siguiendo nuestro principio de que un buen corte debe estar equilibrado y favorecer los rasgos de la cara para resaltar los más atractivos, nos conviene conocer ahora las distintas áreas de corte.

Comencemos con la cabeza. En ella distinguimos diversas zonas de corte. De arriba hacia abajo tenemos:

1. La nuca baja.
2. La nuca media.
3. La nuca alta.
4. El vértice.
5. Los laterales.
6. La cúspide o coronilla.
7. El área frontal.

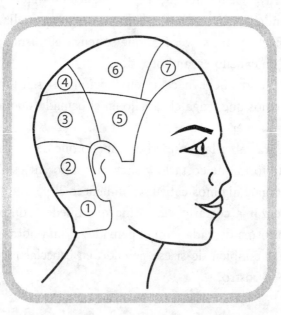

Uniendo todas ellas está la línea del cabello, que será más agraciada mientras más regular sea. Si esta línea es irregular, o con entradas en los laterales, un buen corte degrafilado puede disimularlo.

La cara

En cuanto a la cara, es la estrella de la película. Es principalmente en función al rostro que haremos el corte. Cada cara tiene su corte o cortes más favorecedores. Las formas más comunes de rostro son:

Rostro ovalado

Esta forma de cara permite usar el cabello casi en cualquier forma que se elija. La frente y la barbilla de un rostro ovalado están bien proporcionadas entre sí,

de modo que le favorece tanto el pelo largo como el corto. El ovalado es un rostro simétrico que permite usar una gran variedad de cortes y peinados, dependiendo de qué parte de la cara se quiera resaltar, por ejemplo, se pueden usar capas a la altura de las mejillas para destacar los labios o la barbilla.

Rostro redondo

Los cortes y peinados tienen que alargar este tipo de rostro. Es preferible usar el pelo debajo de la barbilla para evitar enfatizar la forma redonda. Por eso los cortes con capas suaves a distintos niveles lo hacen ver proporcionado, pero hay que evitar las capas arriba de las mejillas. Si se usa el pelo recogido, es conveniente dejar mechones largos colgando. Hay que tratar de no usar fleco, porque lo hará verse más corto. Evita tam-

bién la raya en el centro y los cortes que terminen en la barbilla.

Rostro de corazón

Esta cara es más ancha en la frente y termina con una barbilla casi en punta. Los ojos y las mejillas son las facciones fuertes de esta forma de rostro y las que el corte debe preferiblemente enfatizar, ya sea con capas o mediante el peinado. El propósito del corte es balancear el rostro, haciendo menos prominentes la frente y la parte superior de la cabeza, y ampliando la barbilla.

Usualmente, el pelo corto se ve bien en los rostros en forma de corazón. Es necesario darle volumen arriba, para suavizar las líneas de la mandíbula y la barbilla. El fleco, en cambio, no se lleva con el rostro

de corazón, ni los cortes o peinados voluminosos, que agrandan la frente y hacen que el rostro se vea desproporcionado.

Rostro cuadrado

En esta forma de cara, los huesos de las mandíbulas son casi del mismo tamaño que los de la frente y las mejillas. El propósito del corte es suavizar las facciones, especialmente la mandíbula. Se pueden usar capas para enfatizar las mejillas. Hay que evitar la raya en el centro. Al peinarlo, se debe dar volumen en la parte superior de la cabeza; también se pueden usar ondas suaves o alisarlo y usar ondas en las puntas (hacia dentro o hacia fuera).

Rostro largo

En esta forma de rostro, la barbilla tiende a ser fina con relación a la frente, y la cara es alargada. La frente es el rasgo facial dominante en el rostro largo, que suele ser también un rostro delgado. Quien tenga una cara alargada, debe llevar el pelo corto o cuando mucho a

la altura de los hombros, y no demasiado largo, ya que los cortes muy largos le alargarán más el rostro.

Los cortes deben añadirle volumen al rostro alargado, mediante capas o fleco. Si el pelo es naturalmente rizado u ondeado, las capas le darán aún más volumen.

Los rasgos faciales

Los rasgos de la cara también son determinantes a la hora de elegir el corte. Estos se hallan "encerrados" en un triángulo simbólico que se denomina "Triángulo de las facciones":

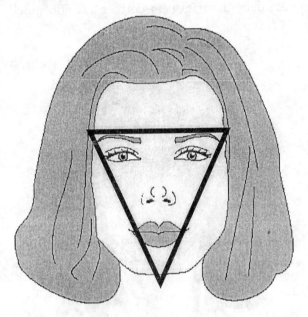

Por encima de este triángulo queda la frente, y a ambos lados, las mejillas y la mandíbula. Este ejercicio te permitirá darte cuenta exactamente de las áreas que debes suavizar o resaltar en el corte.

Por otra parte, todo corte tiene que tomar en cuenta tres líneas, que son la línea de la frente, la línea de los ojos y la línea de la sonrisa. Trazándolas en nuestra cara, quedarían así:

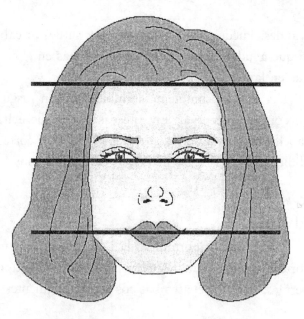

Esto sirve para equilibrar el corte a ambos lados de la cara. Estas líneas son como una referencia para saber si el corte está parejo, o si debes hacer algunos ajustes.

Rasgos grandes

Si tú o la persona a quien cortarás el cabello se sienten algo incómodas por el tamaño de su nariz o de cualquier otra parte de su cara, puedes disimular estos rasgos añadiendo volumen al cabello en las líneas correspondientes.

Un cabello partido a la mitad hará que una nariz prominente se vea aún más grande, al igual que un fleco muy espeso, pero un corte en capas u ondas suaves le restará énfasis y balanceará los rasgos demasiado grandes. Puedes añadir reflejos muy sutiles al cabello, lo que ayudará a que la gente se fije más en el cabello que en la cara.

Las orejas prominentes también son un rasgo que no conviene acentuar. En este caso, hay que evitar el cabello muy corto o pegado a los lados. Un corte más abultado detrás de las orejas las disimulará muy bien.

El perfil

El perfil es importante a la hora de elegir el mejor corte de cabello para una persona. Hay muchos tipos de perfiles, pero los cuatro básicos son los siguientes:

Perfil recto

Casi todos los cortes van con este tipo de perfil; sin embargo, no se recomiendan cortes o peinados muy

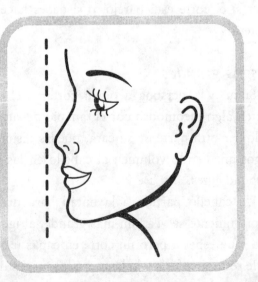

abultados atrás, puesto que pueden hacer que la cabeza se vea desproporcionada.

Perfil huidizo

En este tipo de perfil, la cara parece "huir" hacia atrás, por eso se le llama así. Se ve favorecido con un corte en capas, degrafilado, con el cabello un poco echado hacia las mejillas, y un fleco abultado sobre la frente, para balancear las proporciones de la cabeza.

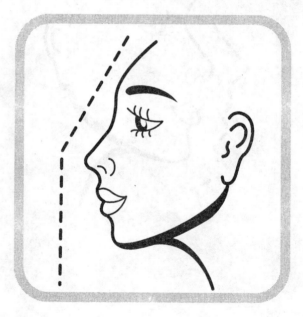

Perfil anguloso

He aquí un perfil difícil, que puede verse muy agraciado con un corte recto tipo "Bob", por ejemplo. Un ligero flequillo puede ayudar a suavizar los ángulos, así como un corte alborotado.

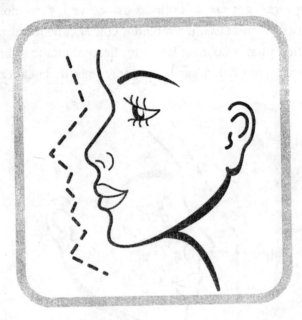

Perfil en punta

Éste no es un perfil para cortes rectos, y tampoco para cabello largo. El pelo debe formar una suave melena alrededor, quizás con algunos rizos y, como en el caso del perfil huidizo, con mechones hacia las mejillas.

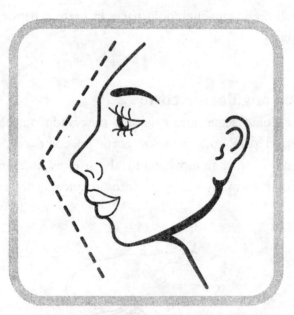

El cuello

El largo del cuello es otro de los elementos importantes para elegir un buen corte. Mientras más largo el cabello, más corto se verá el cuello. Tenemos dos tipos de cuellos principales.

Cuello largo

El pelo corto enfatizará este hermoso cuello, y el cabello largo puede hacerle ver muy atractivo, especialmente si, para una ocasión especial, se le recoge en un pequeño chongo, o en una trenza francesa.

Cuello corto

Para crear la impresión de que es más largo, se debe dar menos volumen al cabello a la altura de la base del cuello, e ir aumentándolo hacia la parte superior de la cabeza.

Los ángulos de corte

Como seguramente habrás observado muchas veces, el pelo no siempre se corta tal como cae, hacia abajo. Para dar movimiento al corte, es necesario levantar los mechones en distintos ángulos, generalmente

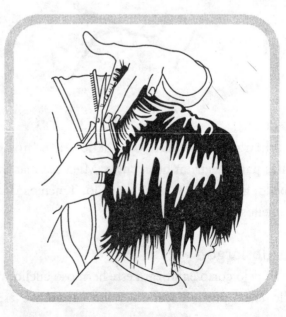

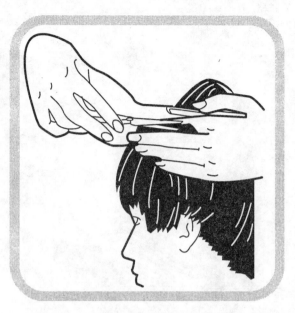

a 45 o incluso 90 grados. Cuando veamos la manera de realizar distintos cortes, te darás cuenta de cuál es el ángulo en que debes levantar el cabello, según el estilo que desees lograr.

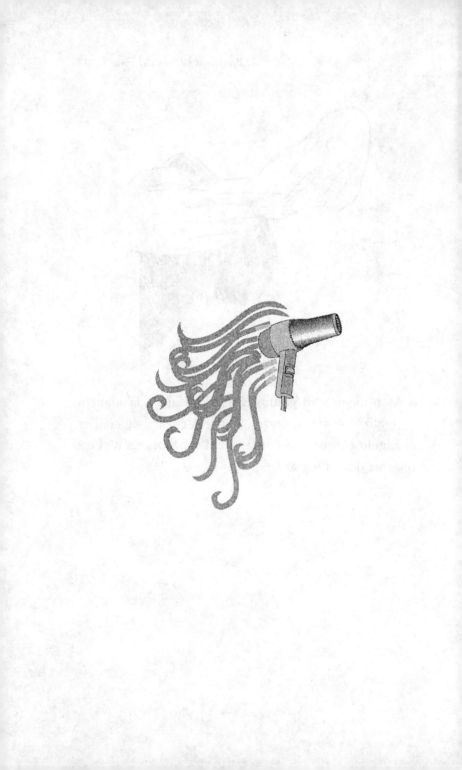

Los implementos de trabajo

Como todas las artes, el corte de cabello requiere también de instrumentos de trabajo, que manejados con seguridad y práctica pueden ayudarte a lograr grandes creaciones. Estos implementos son:

Peine.
Tijeras.
Navaja.

Cada uno de ellos requiere de su propia técnica, de modo que pasemos a describirlos brevemente.

Peine

Para peinar el cabello y separarlo, utilizaremos siempre el peine, nunca el cepillo. El peine es mucho más maniobrable, y además daña menos el cabello.

Si el cabello presenta muchos nudos, lo mejor es desenredarlo con un peine de dientes gruesos y separados, como éste:

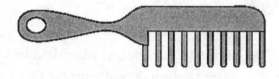

En cambio, el peine de corte tradicional es mucho más delgado y pequeño, puesto que en muchas ocasiones, como veremos, tendremos que usarlo junto con la tijera, y este manejo debe ser cómodo para el estilista.

Tijeras

El mejor de los estilistas no podrá hacer bien su trabajo si no cuenta con unas buenas tijeras afiladas. En nuestro caso, utilizaremos tres variedades: la tijera de corte, la tijera de entresacar y la tijera de modelar.

La tijera de corte

Es la tijera básica que utilizaremos para hacer el corte principal. Debe tener un excelente filo, para que el corte sea parejo, porque de otra manera, el cabello quedará como mordido. No emplees tus tijeras de corte

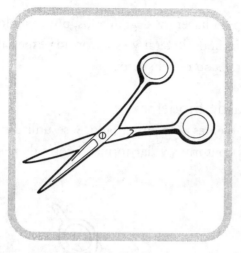

para ninguna otra cosa, para no mellarles el filo, y procura hacer que las afilen periódicamente.

La tijera de aclarar

Para aclarar o entresacar el cabello, necesitaremos una tijera distinta, un poco más fina, que permita cortar pequeños volúmenes de pelo. Es el tipo de tijera que

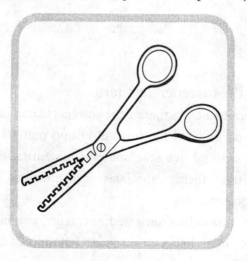

se utiliza para hacer los degrafilados, por ejemplo; tiene un dentado fino bilateral y es apropiada especialmente para aclarar con el pelo seco.

La tijera de modelar

Tiene dientes sólo en un lado, y se utiliza para recortar los contornos y dar forma al corte de pelo.

Forma de sostener la tijera

Generalmente, la tijera debe sostenerse con la mano derecha, para que el filo tome el mismo sentido que el corte; en caso de que seas una persona zurda, deberás adquirir unas tijeras especiales para utilizarse con la mano izquierda.

Las tijeras deben tomarse firmemente, con el tornillo del eje vuelto hacia nosotros, accionando un aro con el pulgar y el otro con el dedo anular; el resto de los dedos apretarán dicho aro contra el anular, para asegurar la tijera.

El movimiento de las tijeras abriéndose y cerrándose debe ser lo más regular que sea posible, y nunca muy rápido o demasiado lento, porque se pierde el control del corte, sobre todo si eres principiante.

Cuando interrumpas el uso de la tijera, pero vayas a reanudarlo en pocos momentos, no la sueltes, déjala en tu mano, con el dedo anular insertado, de la siguiente forma:

Es común que los estilistas manejen juntos el peine y la tijera, lo cual tiene la ventaja de que, si estás cortando mechones de cabello, no tendrás que soltarlos cuando cambies de instrumento. La forma correcta de sostener peine y tijeras es:

Navaja

En muchas estéticas, este instrumento ya no se utiliza debido al contagio que puede significar. Sin embargo, es un implemento necesario para finalizar mu-

chos cortes, sobre todo en cabello corto, de hombre y de mujer.

Debes desdoblar la navaja con el pulgar y el índice. El dedo anular ayuda a la apertura haciendo una ligera presión en la bisagra, mientras que el dedo meñique está en el espolón y sostiene el mango.

Cuando se está cortando un mechón de pelo con la navaja, el peine debe mantenerse dentro de la mano izquierda, misma que sujeta el mechón, mientras que la mano derecha acciona la navaja. Al acabar de cortar ese mechón debes cerrar la navaja y mantenerla en la mano derecha; con los dedos de esa mano sujetamos ahora el peine para preparar un nuevo mechón para el corte, y después pasarlo a la mano izquierda para continuar.

Es necesario que tengas cuidado al cerrar y abrir la navaja, puesto que es muy afilada y puede dañar tu piel con sólo rozarla. Por eso no debe dejarse abierta mientras usamos el peine: lo más seguro es abrirla sólo cuando la vayamos a emplear.

Al utilizarla, recuerda tensar la piel para que la navaja se deslice sin obstáculos, y puedas manipularla y guiarla en forma segura.

Muchos estilistas prefieren usar las maquinillas de corte, eléctricas o de pilas, en vez de la navaja. En realidad, la máquina sólo debe usarse para rasurar al dar el terminado al corte.

El cuidado de los instrumentos

Un estilista debe cuidar sus instrumentos porque de ellos depende su trabajo. Al terminar de utilizarlos, asegúrate de quitarles todos los cabellos y secarlos perfectamente, para evitar la formación de óxido.

Jamás dejes caer tus instrumentos, en especial la navaja y las tijeras. Guárdalos siempre en su propio lugar.

Como medida de seguridad, se recomienda desinfectarlos después de cada uso, lavándolos con agua y jabón, secándolos, y poniéndolos a asolear un rato sobre una toalla.

Los instrumentos de corte son peligrosos. Utilízalos con cuidado y no los dejes al alcance de los niños.

Los 10 cortes principales

L legó la hora de tomar el peine y las tijeras y ponernos a practicar. En esta sección, te guiaremos paso a paso por los estilos más clásicos y populares, tanto de dama como de caballero.

Se trata de estilos fáciles y muy atractivos, tanto para dama como para caballero, que te permitirán ensayar para después intentar cortes más complicados. Están ordenados por grado de dificultad, para que vayas avanzando poco a poco.

Te recomendamos que practiques el manejo de las tijeras y el peine para adquirir destreza manual, antes de empezar con los cortes. El secreto de esto es que sientas cómodos los instrumentos en tu mano, y que a la hora de cortar lo hagas con decisión.

Quizás necesitarás algunas pinzas para sujetar las secciones del cabello en lo alto de la cabeza. Las más útiles son de plástico y no tienen dientes, para evitar romper el cabello húmedo.

Cortes para ellas

Corte estándar

Posiblemente, es el corte más sencillo de todos. Puede aplicarse a cabello largo, mediano o incluso a una melena corta.

Cómo hacerlo

Separa la zona de la coronilla, enrollándola, y sujétala con una pinza.

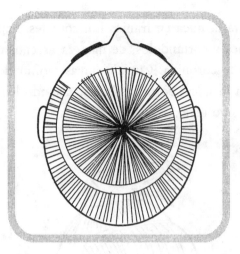

Peina los cabellos y sepáralos en dos, mediante una raya central en la nuca, dejando sólo un fino mechón central, que es el primero que cortarás, y que te servirá como guía para el resto del corte.

Corta la nuca en franjas horizontales, bajando los mechones y cortándolos, de manera ascendente, hasta llegar a la coronilla. Cuando hayas terminado de cortar toda la nuca, corta los lados, dejando los cabellos a un mismo nivel.

Ahora vamos a degrafilar estas zonas en sentido vertical, comenzando por las capas bajas, para que las altas sean un poco más largas. Recorre de esta forma todo el contorno de la línea de la coronilla.

En cuanto a la parte superior, suéltala y córtala igualándola con todos los mechones cortados a la misma altura.

Para lograr esto, comienza a cortar un mechón a una longitud que te servirá de guía.

A continuación, toma otro mechón de aproximadamente un centímetro de grosor con el peine, arrastrando el mechón previamente cortado, y de modo que el que vas a cortar quede perfectamente vertical con respecto al cuero cabelludo; sujeta el mechón bien peinado con la mano izquierda, y observa la línea del mechón que ya está cortado: así podrás cortar el nuevo mechón a la misma altura que el anterior.

Corte clásico largo

El objetivo en este caso es cortar todo el pelo en una línea, teniendo en cuenta las características naturales de la persona (forma de la cabeza, remolinos, rizos).

Cómo hacerlo

Haz una raya central en la parte posterior de la cabeza. Saca mechones horizontales de aproximadamente 2 o 3 cm de grosor; mientras más delgados sean los mechones, más parejo resultará el corte. Pide a la persona que incline la cabeza ligeramente hacia delante y corta el cabello en la mano sobre la espalda.

Una vez hecho el primer corte, controla la línea guía manteniendo el dedo en los puntos finales izquierdo y derecho, para que cortes parejo.

Para los lados, traza una nueva línea guía en la nuca y haz una raya horizontal desde la línea de la frente hacia atrás. Corta en la mano, paralelamente a la división en la espalda.

Una vez que hayas cortado todo el cabello, será necesario controlar que el corte esté parejo. De frente a la persona, trae su pelo hacia delante y compara el largo entre los mechones derecho e izquierdo. Notarás que en la ilustración ambos mechones están biselados: para lograr este efecto, corta las puntas sosteniendo el mechón entre los dedos y con las tijeras en forma vertical, ligeramente inclinadas hacia el hombro contrario.

Corte estilo "Bob"

Este bello corte es uno de los estilos clásicos de todos los tiempos, que nunca pasará de moda. Llamado también "príncipe", es ideal para dar volumen al cabello fino, aunque se lleva con todos los tipos y colores de pelo, y también con cualquier edad y forma de rostro.

Cómo hacerlo

Con el cabello peinado en su caída natural, vamos primero a dar forma a la nuca, con un corte parejo. Si el cabello es muy abundante, tendrás que hacerlo por mechones, igual que en el *Corte clásico largo*.

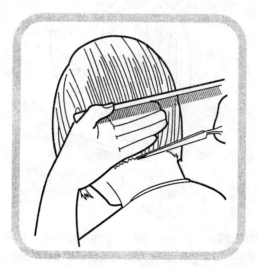

Continúa cortando ahora los laterales; tus dedos de la mano izquierda te servirán de guía.

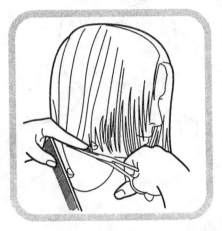

Para que el cabello pueda fluir naturalmente hacia atrás, corta los frentes en forma ligeramente inclinada.

Traza una división lateral, y sube el mechón a un ángulo de 90°. Levanta otro mechón de la coronilla. El primero te servirá de guía para cortar el segundo. Recuerda cortar en forma diagonal, para dar buen movimiento al pelo.

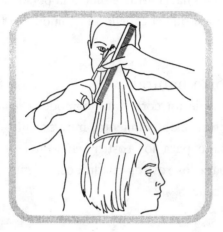

Para terminar, levanta los frentes a un ángulo aproximado de 40° y usa la tijera de modelar para darle textura, a través de cortes ligeramente inclinados.

Para secarlo, usa un cepillo redondo lo más ancho posible según el volumen del cabello. Enróllalo hacia abajo y usa la pistola de aire en calor medio. Después, cepíllalo hacia atrás y pide a la persona que agite la cabeza para que el cabello se acomode en forma natural.

Corte corto natural

Se trata de un corte muy cómodo y a la vez elegante, de fácil mantenimiento, muy sencillo de peinar. Es apropiado para los rostros en forma de corazón, pero no para los rostros cuadrados. Es muy lucidor a cualquier edad.

Cómo hacerlo

Comienza dividiendo el cabello en mechones. Traza una división continua un poco arriba de las sienes y levanta ese pelo. Divídelo en cuatro secciones iguales y sujeta cada una con una pinza en lo alto de la cabeza.

Se inicia por la nuca. Parte el cabello en dos a través de una raya vertical, y sujétalos con pinzas. Ahora, ve sacando mechones que cortarás con la navaja para crear la impresión de altura.

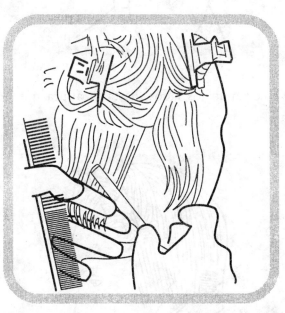

Corta el cabello todo alrededor, levantándolo en un ángulo aproximado de 30°, y en mechones delgados, cada uno un poco más corto que el inferior.

Ve cortando los lados, hasta la altura que desees lograr.

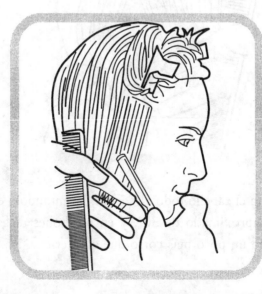

El frente se corta levantando el mechón ligeramente para que el cabello tenga movimiento.

Para dar los toques finales, levanta el cabello de la coronilla a un ángulo de 90° como hicimos en el Corte Bob clásico, y ténsalo para recortar con la tijera y darle la altura deseada. Como broche de oro, define los contornos (Ve *Cómo definir los contornos* en la sección Cortes para ellos).

Seca el cabello por mechones con un cepillo redondo delgado, enrollando el pelo hacia abajo. Después, pasa el cabello por detrás de las orejas y revuelve la parte superior con la mano.

Corte parisino

Aquí tienes un corte práctico y muy chic, ideal para mujeres jóvenes y activas, que deseen tener un look a la vez sofisticado y casual.

Cómo hacerlo

Corta el cabello según el *Corte estándar para hombre* (ver), haciéndolo lo más corto posible. Define los contornos tal y como lo indicamos en *Cómo definir los contornos* en la sección Cortes para ellos. A continuación, vamos a modelar el cabello para darle el look parisino.

Divide el cabello y procede a cortar los mechones en la forma tradicional.

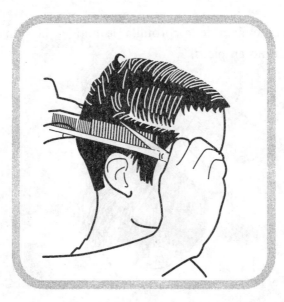

Para la nuca y la parte posterior de la cabeza, usa el peine para entresacar el cabello, pero utilizando la tijera de cortar.

En el área de la coronilla, levanta el mechón a 90° y córtalo en picos.

Para el frente, echa el cabello hacia delante desde el área de la coronilla, y córtalo en forma ligeramente inclinada, para darle un efecto desvanecido.

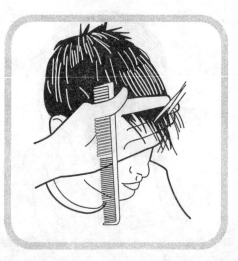

Para peinar este corte, basta dejar que el cabello siga la línea natural de la caída. No necesitas pistola de aire.

Degrafilado casual

Este es uno de los cortes modernos favoritos para mujeres jóvenes, o incluso de mediana edad. Se trata de un estilo muy suelto y libre, que proyecta una suave feminidad y, a la vez, cierta rebeldía.

Cómo hacerlo

Comienza trazando la línea guía para la nuca, lo que te dará el largo del corte.

Con el cabello en su caída natural, y después de definir el contorno cortando en vertical, levanta los mechones en ángulos rectos con respecto al cráneo, y córtalos en forma ligeramente inclinada, guiándote con tus dedos.

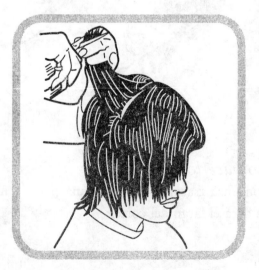

Divide el área de la coronilla, y corta entresacando el pelo con las tijeras de aclarar.

Si deseas tener más control del corte, usa el método tijera sobre peine. Y recuerda que el mechón inferior es ligeramente más largo que el inmediato superior.

Para dar acabado al frente, utiliza cortes en punta para darle movimiento y degrafilado.

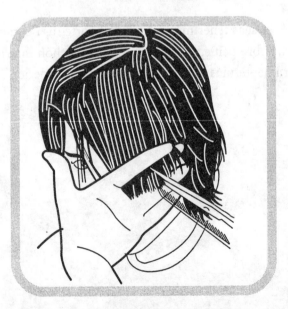

Cortes para ellos

Cómo definir los contornos

En cualquier corte, pero principalmente en los masculinos, es necesario cuidar los contornos para que se vean uniformes y den un aspecto equilibrado.

Contorno de la nuca

Para formar los contornos de la nuca, peina el pelo en la dirección de su caída natural. Trabaja el contorno con cortes pequeños.

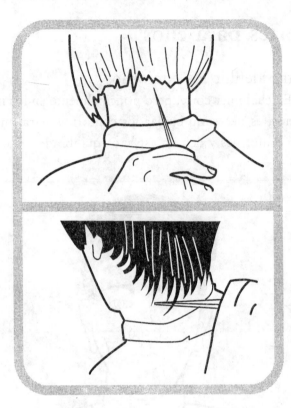

Contorno de la oreja

Para formar los contornos de la oreja y la parte lateral de la nuca, peina el cabello hacia abajo y haz pequeños cortes con la punta de la tijera, manteniendo el dedo o el peine como guía lineal sobre la oreja. Asegúrate de mantener la oreja alejada con ayuda de los dedos y formar un arco alrededor de ella.

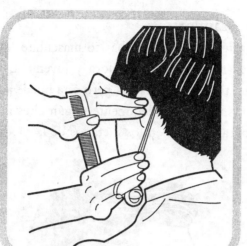

Contorno de la sien

Para formar los contornos de las sienes, peina el pelo en la dirección de su caída natural. Trabaja el contorno con cortes pequeños.

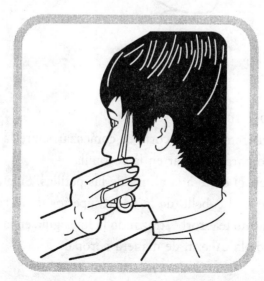

Corte estándar

Aquí tenemos el corte básico masculino, que sigue una línea a la vez conservadora y juvenil. La ilustración muestra la patilla larga, pero ésta puede acortarse, o bien rasurarse completamente, según el estilo que se desee lograr, y también los dictados de la moda.

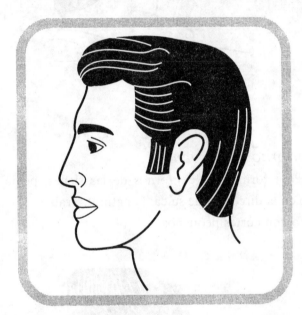

Cómo hacerlo

El secreto de este corte es comenzar sobre la línea del pelo para terminar en la coronilla.

Inicia el corte a la altura de las patillas. Sujeta con una pinza el cabello de la parte superior de la cabeza para que no te estorbe, trazando la línea guía en la parte media de la cabeza, de manera coronal.

Continúa cortando con ayuda de las tijeras y el peine, por encima de las orejas y extendiéndote hacia la nuca. Repite en el otro lado.

Corta y define el contorno de la nuca. Pide a la persona que incline un poco su cabeza hacia delante.

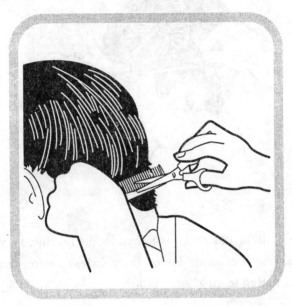

Para finalizar, ve recortando en capas, ayudándote con el peine, el cabello de la parte superior de la cabeza.

Usa la navaja o la máquina para terminar de definir los contornos y retirar todo el cabello sobrante.

Corte escalonado uniforme

He aquí un corte muy favorecedor para hombres que tengan los rasgos algo toscos, y una buena mata de pelo.

Cómo hacerlo

Saca un mechón de cabello vertical en el centro de la parte posterior de la cabeza. Esto te ayudará a tener una guía exacta y también a unir la parte superior de la cabeza con la parte de atrás.

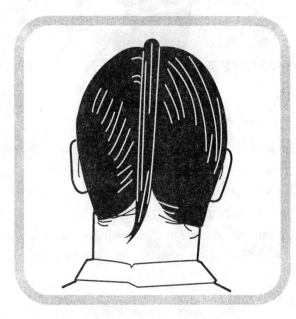

A partir del mechón previamente sacado, levanta el siguiente mechón en un ángulo de 90° y córtalo de manera vertical. Asegúrate de no desviar el mechón a la derecha ni a la izquierda, hacia delante ni hacia atrás. Repite la operación mechón por mechón.

Para los lados y la parte posterior de la cabeza, el mechón siempre debe estar a un ángulo de 90° con respecto al cráneo.

Redondea los contornos como ya te lo indicamos, y termina rasurando la línea de la nuca con la navaja para retirar el cabello sobrante.

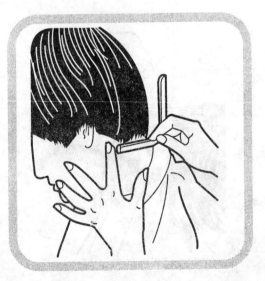

Para peinarlo, haz una raya a un lado y alborota el cabello con la pistola de aire. Si está bien cortado, el pelo se acomodará naturalmente.

Nota: Este mismo corte básico puede realizarse en una mujer.

Corte caído hacia la frente

Este estilo es bastante natural y tiene un efecto rejuvenecedor. Es ideal para cabello fino o no muy abundante, y lacio. Para realizar este corte, el cabello debe estar un poco largo.

Cómo hacerlo

Haz una división diagonal, partiendo de la sien y hasta la parte donde el pabellón de la oreja se une con la cara. El corte se hace paralelo a dicha división.

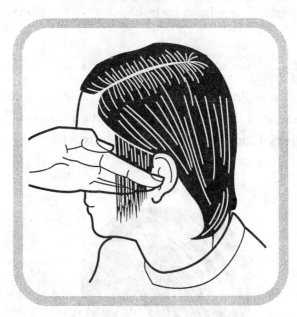

Sigue cortando en la misma forma, haciendo divisiones, hasta detrás de la oreja. El primer mechón será tu guía para el segundo, el segundo para el tercero, y así sucesivamente (el proceso se explica en el *Corte estándar* de los Cortes para mujeres). Debes sacar el mechón diagonal y cortarlo a un ángulo aproximado de 45° con respecto al cráneo.

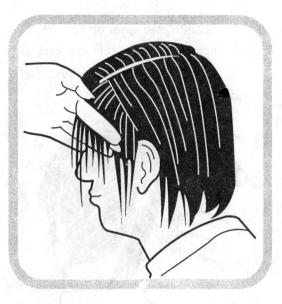

Para la parte posterior, haz una raya diagonal desde la coronilla hasta la nuca.

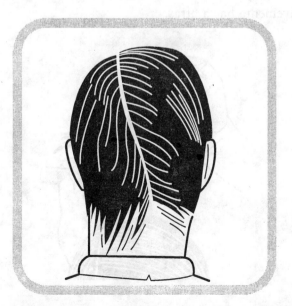

Continúa sacando mechones diagonales, de manera que se vea siempre el mechón guía que está abajo.

En la coronilla, al cortar el mechón diagonal, jálalo suavemente hacia atrás.

Para el frente, haz una raya en forma de corona y corta los mechones de lado, siempre sacándolos en forma diagonal. Termina marcando los contornos con tijera y navaja.

Para peinarlo, puedes echar el cabello hacia un lado y hacia la frente.

Para cortar tu propio cabello

Ahora que ya te has familiarizado con las técnicas básicas del corte de cabello, puedes intentar ser tu propio estilista.

Necesitas disponer de un buen espejo de pared, y otro para ver la parte de atrás. Toma tus tijeras de cortar, peina tu pelo y marca las divisiones indicadas en el *Corte estándar para mujeres*.

Para cortar la parte delantera o el fleco, sujeta con tus dedos un pequeño mechón de cabello, que no tenga más de diez o doce hebras, y llévalo hacia el frente sobre tu cara. No lo jales, porque terminarás cortando de más.

Recorta el contorno del cabello y ve soltando las pinzas. Utiliza el mismo sistema de mechón por mechón. Recorta el cabello entre tus dedos para evitar cortarlo demasiado.

Una vez que termines de cortar cada sección, verifica que el largo del cabello sea parejo, y haz los ajustes necesarios.

Estilizado

La base de un cabello que luce un peinado atractivo es, desde luego, un buen corte. Pero también es necesario saber cómo sacarle el mayor provecho. Hay mucha gente que tiene cortes fantásticos, y no hace nada con ellos, conformándose con cepillarse el cabello o dejarlo secar sin estilizarlo.

Tómate unos minutos diarios para estilizar tu cabello y aumentar tu atractivo. Actualmente existen en el mercado diversos productos estilizadores, específicos para cada tipo de cabello, que te ayudan no sólo a controlarlo, sino también a que tu peinado se mantenga.

Existen tres tipos básicos de cabello:

Lacio

Este cabello se presta para cortes tipo "Bob", que resalten su cualidad principal, o bien los degrafilados que hagan lucir su caída natural. Es propenso a la estática (frizz), y a veces tiende a ser poco manejable. Los productos estilizadores apropiados para el cabello lacio son los que vienen en forma de mousse o espuma, sobre todo si tiene poco volumen.

Aplica el mousse cuando el cabello esté húmedo para prepararlo y hacerlo más dócil.

Ondulado

Este tipo de cabello está a medio camino entre el lacio y el rizad, y tiene la ventaja de aceptar casi cualquier tipo de corte. Presenta suaves ondas y suele ser más manejable. Puedes estilizarlo con mousse o con gel, cuidando siempre de no aplicar demasiado producto, para que el pelo no se vea aplastado.

Rizado

Los rizos naturales son un auténtico tesoro, que requieren de poco peinado, aunque a veces pueden ser algo rebeldes. No se recomiendan para este tipo de cabello los cortes demasiado cortos, porque se verá desaliñado. El cabello rizado requiere estilizadores un poco más potentes, específicos para él, de tipo gel o mousse.

Los cepillos

Para el estilizado, se utilizan cepillos redondos, que permiten dar forma al cabello en combinación con la pistola de aire.

Mientras más corto sea el cabello, menos calibre deberá tener el cepillo.

Si tienes el cabello largo o semi largo, debes cuidar que el pelo no se enrede en el cepillo, porque será difícil desenredarlo y se dañará. En ocasiones, ha sido incluso necesario cortar ese mechón para poder retirar el cepillo. Para evitar esto, nunca enrolles todo el mechón hasta la raíz, sino sólo hasta la mitad, y nunca lo aprietes ni lo jales, déjalo más bien flojo.

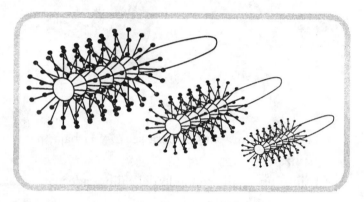

Secado del cabello

Comienza aplicando a tu cabello ligeramente húmedo un producto estilizador en loción o mousse, para hacer el pelo más manejable. Trabaja de la raíz a la punta y dale un masaje con los dedos para acabar de secarlo, o bien aplícate la secadora a temperatura baja.

Recuerda que el calor es potencialmente dañino para el pelo, porque le hace perder aceites y humedad, haciéndolo más propenso a maltratarse. Aquí tienes algunas sugerencias para estilizar tu cabello con el mínimo de riesgo:

• Usa la secadora cuando el cabello esté casi seco, y nunca a temperatura alta.

- La temperatura alta es para secar, y la baja, para estilizar.
- Utiliza un cepillo redondo del calibre adecuado al largo y volumen de tu pelo.
- Divide el cabello por mechones, sujetándolo con pinzas en la parte alta de la cabeza, y velos soltando a medida que los seques. Si tu cabello es rebelde, divídelo en mechones finos; si es dócil, los mechones pueden ser más gruesos.
- Ve mechón por mechón, de las capas inferiores a las capas superiores. Si deseas que el cabello se ondule hacia adentro, coloca el cepillo redondo por debajo del mechón y deslizándolo de la raíz a la punta a medida que aplicas el calor; si deseas ondularlo hacia fuera, enrolla el cepillo en el mechón y jálalo suavemente mientras lo secas.
- No permanezcas demasiado tiempo en una sola sección del cabello, para que no reciba demasiado calor.

• Mantén la secadora alejada cuando menos 15 centímetros de tu cabeza, para no dañar la raíz del cabello.

• Aplica el aire tibio en la dirección en que crece tu pelo, para no alborotar las escamas que cubren cada pelo.

Rizado del cabello

Los tubos o rulos son la forma tradicional de rizar el cabello, una que se ha utilizado desde hace mucho tiempo. De hecho, es la manera más adecuada, ya que causa un daño mínimo al pelo. Sin embargo, en ocasiones el ritmo acelerado de la vida no te da el tiempo necesario para que el cabello se seque con los tubos puestos, y dormir con ellos es una incomodidad.

Por eso se inventaron los tubos eléctricos, que te permiten rizar tu cabello seco en aproximadamente quince minutos, cuidando siempre de no ponerlos a la temperatura máxima.

Desde luego, la forma más cómoda para rizar rápidamente el cabello son las tenazas eléctricas, pero es

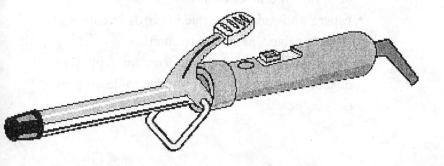

también el método que puede causar más daño. Para utilizarlas apropiadamente, procura que las puntas del cabello nunca toquen la parte más caliente de la tenaza: enrolla tu cabello comenzando a unos cinco centímetros de las puntas, de modo que éstas queden protegidas dentro del propio mechón.

Para un mejor estilizado con tenazas eléctricas:

• Aplica mousse al cabello totalmente seco para hacerlo más manejable y dócil.

• Divide el cabello por mechones, sujetándolo con pinzas, y velos soltando a medida que los rices. Si tu cabello es rebelde, divídelo en mechones finos; si es dócil, los mechones pueden ser más gruesos. Comienza por las capas inferiores hacia las partes superiores.

• Riza mechón por mechón, dejándolo caer libremente sin cepillarlo para proceder a rizar el siguiente.

• No te quedes más de treinta segundos en cada mechón, y procura poner las tenazas a temperatura media.

• Una vez que hayas terminado, aplícate un poco de spray en todo el cabello.

• Espera unos minutos a que los rizos se enfríen, y agita la cabeza para desparramarlos.

• Acomódalos con los dedos, con un cepillo pequeño, o con el extremo puntiagudo de un peine estilizador.

A cada quién su estilo

Quizás al principio te sientas un poco torpe, sobre todo si no acostumbras estilizar tu cabello personalmente, pero se trata de un arte que llega a dominarse con la práctica. Lo importante es que decidas cuál es el estilo que quieres lograr, y que luego descubras la forma más apropiada de conseguirlo.

Tener un cabello arreglado y atractivo es una de las partes más importantes de la imagen que proyectamos a los demás, y saber cómo cortarlo y arreglarlo uno mismo es, siempre, una gran satisfacción.

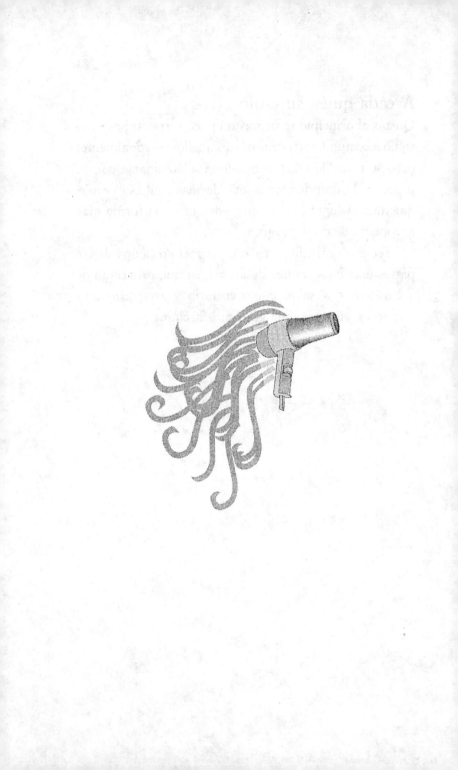

Glosario

A

Abrillantador: Producto que ayuda a aumentar el brillo del cabello.

Acondicionador: Producto que nutre y regenera al cabello, además de facilitar el peinado y el desenredado.

Aclarar: Entresacar el cabello. También, teñirlo en un tono más claro.

Afinar: Dar los toques finales a un corte.

Alaciar: Volver lacio un cabello rizado.

B

Base: En coloración, el tono uniforme que se dará al cabello antes de ponerle luces o hacerle mechas. También, permanente básico.

Brushing: De "brush", en inglés, cepillo. Técnica que consiste en secar el cabello con una pistola de aire y un cepillo redondo.

C

Caída: Forma que tiene el cabello de acomodarse naturalmente. También, pérdida de cabello que puede llevar a la alopecia, o calvicie.

Capilar: Relativo al cabello.

Contorno: Línea que marca el perfil del corte.

Corte:

Al bies: que sigue una línea diagonal.

Asimétrico: de distintos volúmenes y medidas.

Degrafilado: Afilado de los mechones mediante cortes a lo largo del tallo.

Escalonado: En capas, con los largos desiguales.

Recto: En el que todo el cabello tiene la misma longitud.

Crema capilar: Tratamiento regenerador para el cabello.

D

Decolorar: Eliminar el color o el pigmento del cabello. Se utiliza sobre todo cuando se va a teñir de un tono más claro.

Degradar: Reducir el volumen de la cabellera.

Degrafilar: Cortar a lo largo del tallo con la tijera vertical para afilar los mechones o cortarlos en pico.

Descargar: Degradar.

Difusor: Especie de sordina que se le añade a la pistola secadora, que difumina el aire que sale de ella. Se usa para dar más volumen al pelo, especialmente al que ha sido ondulado.

E

Entresacar: Aclarar, degrafilar.

Escala de tonalidades: El espectro de los diez tonos del cabello.

Extensiones: Postizos de cabello más largo que se colocan entre el pelo.

F

Fijador: Sustancia que ayuda a conservar el peinado. Puede ser en gel, en goma, en mousse (espuma) o en aerosol.

Fleco: Cortina de cabello que se extiende sobre la frente.

Folículo piloso: Pequeño saco en donde nace cada hebra de pelo o vello en el cuerpo.

G

Gel: Producto gelatinoso que se usa para estilizar el cabello.

Goma: Sustancia densa que se utiliza para fijar el cabello.

H

Hidratante: Producto que ayuda a mantener el cabello humectado.

I

Implantación: Dirección en la que sale el pelo.

Iluminar: Pintar luces en el cabello.

L

Laca: Fijador en forma de aerosol. También se le llama *spray*.

Línea de corte: Perfil de un corte.

Línea guía: Raya o división que se marca para realizar el corte en determinada sección del cabello.

Loción capilar: Producto que se utiliza en los tratamientos para regenerar el cabello.

Luces: Reflejos matizados que se agregan al cabello.

M

Matizador: Técnica para dar reflejos o luces al cabello.

Mechas: Efecto en que algunos mechones de cabello son más claros, oscuros o de distinto tono al de la base.

Melanina: Pigmento del cabello y la piel.

Modelar: Dar forma a un corte.

Mordiente: Sustancia que fija los colores al pelo.

Mousse: Producto fijador en espuma.

N

Neutralizante: Sustancia que anula el proceso ondulador en un permanente.

O

Oleolito: Cosmético graso que se emplea principalmente en los procesos de decoloración.

Onda: Curva natural o artificial en el cabello.

Ondulado: Técnica para rizar el cabello, ya sea en forma temporal o permanente.

Opalizante: Sustancia que da un brillo semejante al ópalo.

Oxigenar: Decolorar.

P

Peinador: Capa de tela que se coloca sobre los hombros para proteger la ropa durante los cortes o tratamientos capilares.

Piel cabelluda: Erróneamente llamada "cuero cabelludo". Es la piel en donde nace el cabello.

Permanente: Ondulación que permanece en el pelo.

Peróxido: Sustancia muy utilizada en los tintes.

Plancha: Aparato eléctrico para alaciar el cabello.

Q

Queratina: Proteína que abunda en el pelo y la piel.

R

Rapar: Cortar totalmente el cabello, afeitando la cabeza.

Rayos: Ver *Mechas*.

Remolino: Sección de la cabeza en la que todos los cabellos nacen en distinta dirección.

S

Suavizante: Producto que hace al cabello más terso.

T

Tenazas: Aparato eléctrico para rizar el cabello.

Tinte: Producto para colorear el cabello; puede ser natural, como la *henna*, o químico.

W

Waflera: Especie de tenazas planas con un diseño cuadriculado, que se utilizan para crear un efecto de ondulado muy cerrado.

Índice

Método fácil y sencillo para cortar el cabello

Esta obra se terminó de imprimir en los talleres de
EDICIONES CULTURALES PARTENON, S.A. DE C.V.
16 de Septiembre No. 29-A Col. San Francisco Culhuacán
C.P. 04700, México, d.f., 5445-9534

En esta obra se han utilizado los tipos:
Helvetica Bold / Helvetica Neue 45 Light /
Helvetica Neue 55 Roman / Helvetica Neue 95
Black / Sabon Bold / Sabon Bold Italic / Sabon
Italic / Sabon Roman / Sabon SC;
de ADOBE SYSTEMS INCORPORATED

Alfonso Romero V.
First Place Beatlefest © Art Contest 1990.
Diseño e Imagen Editorial para Editorial Epoca, S.A. de C.V.
Alfonso Romero V. arv_65@yahoo.com.mx
y Eliud Alquicira V. elialquicira_v@hotmail.com